BEI GRIN MACHT SICH I
WISSEN BEZAHLT

- Wir veröffentlichen Ihre Hausarbeit,
  Bachelor- und Masterarbeit

- Ihr eigenes eBook und Buch -
  weltweit in allen wichtigen Shops

- Verdienen Sie an jedem Verkauf

Jetzt bei www.GRIN.com hochladen
und kostenlos publizieren

Konrad Sell

Die Geschichte des ersten Elektroautos. Das EV1 von General Motors

GRIN Verlag

Bibliografische Information der Deutschen Nationalbibliothek:

Die Deutsche Bibliothek verzeichnet diese Publikation in der Deutschen National-
bibliografie; detaillierte bibliografische Daten sind im Internet über http://dnb.d-
nb.de/ abrufbar.

Impressum:

Copyright © 2007 GRIN Verlag GmbH
Druck und Bindung: Books on Demand GmbH, Norderstedt Germany
ISBN: 978-3-656-76195-2

Dieses Buch bei GRIN:

http://www.grin.com/de/e-book/282063/die-geschichte-des-ersten-elektroautos-
das-ev1-von-general-motors

GRIN - Your knowledge has value

Der GRIN Verlag publiziert seit 1998 wissenschaftliche Arbeiten von Studenten, Hochschullehrern und anderen Akademikern als eBook und gedrucktes Buch. Die Verlagswebsite www.grin.com ist die ideale Plattform zur Veröffentlichung von Hausarbeiten, Abschlussarbeiten, wissenschaftlichen Aufsätzen, Dissertationen und Fachbüchern.

Besuchen Sie uns im Internet:

http://www.grin.com/

http://www.facebook.com/grincom

http://www.twitter.com/grin_com

Die Geschichte des ersten Elektroautos. Das EV1 von General Motors

Konrad Sell

Inhaltsverzeichnis

Abkürzungsverzeichnis

Ø .... Durchschnitt

Co. .... Company

CO_2 .... Kohlendioxid

GM .... General Motors

GW .... Gigawatt

KWK .... Kraft-Wärme-Kopplung

mls .... miles (Meilen)

mpg .... miles per gallon (Meilen pro Gallone)

mph .... miles per hour (Meilen pro Stunde)

MW .... Megawatt

U/min. .... Umdrehungen pro Minute

W/kg .... Watt pro Kilogramm

Wh/kg .... Wattstunde pro Kilogramm

Einleitung

„Ich glaube an das Pferd. Das Automobil ist eine vorübergehende Erscheinung."[1]

Glücklicherweise sollte sich der letzte deutsche Kaiser, Wilhelm II., irren. Denn das Auto hat der Menschheit eine Mobilität verschafft, die zu Zeiten der Fuhrwerke nicht nur undenkbar gewesen wäre, sondern sich seitdem auch ständig verbessert hat. Kraftstoffeffizienz, Fahrkomfort und Motorleistung nehmen stetig zu. Doch seit Ölknappheit und globale Erwärmung immer mehr ins Bewusstsein der Verbraucher rücken, nehmen diese Werte zunehmend an Wichtigkeit ab. Es stellt sich die Frage nach deren Legitimität angesichts ihres Preises: Krieg zur Sicherung von Ölvorkommen, massive Verschlechterung der Luftqualität durch Aerosolausstoß und als Folge sterbende oder chronisch kranke Menschen. Unweigerlich erinnert man sich an die Zeit, als die Fuhrwerke abgelöst wurden. Keineswegs stand damals deren Nachfolger sofort fest. Vielmehr war es ein Wettlauf, aus dem lange kein Gewinner hervorzugehen schien: der Wettlauf zwischen Elektro- und Verbrennungsmotor.

Wie man heute weiß, gewann Letzterer das Rennen und begleitet die Menschheit bis heute in der Großzahl automobiler Fortbewegungsmittel. Der erste ernst zu nehmende Ansatz, diesen Umstand zu ändern, war die Entwicklung des EV1 von General Motors.

---

[1] vgl. Dubben, Beck-Bornholdt (2006), S.101

4

Die Geschichte des EV1

Wegbereiter

Die erste überlieferte Alternative zum Pferdebetrieb bietet „Faraday [who] went on to discover electromagnetic induction in 1831. (...) By 1832 an operating electric motor had been demonstrated in Paris."[2]

Abbildung 1: Ayrton/Perry tricycle[3]

Nikolaus Otto präsentiert auf der Pariser Weltausstellung 1867 einen gasbetriebenen Verbrennungsmotor, und 30 Jahre später stellt Rudolf Diesel den ersten funktionierenden Dieselmotor vor.

Abbildung 2: Benz Patent-Motorwagen 1[4]

---

[2] vgl. Westbrook (2001), S.7
[3] vgl. ebd., S.9

Aus diesen Motoren gehen 1882 das erste nennenswerte[5] elektrisch betriebene Straßenfahrzeug von William Ayrton und John Perry, das Ayrton/Perry tricycle (vgl. Abbildung 1Abbildung 1), sowie 1895 das erste Fahrzeug mit Verbrennungsmotor von Carl Benz, der Benz Patent-Motorwagen 1 (vgl. Abbildung 2) hervor. Beide sind bezüglich ihrer Leistung etwa vergleichbar: Benz schafft mit 0,9 PS 16 km/h, Ayrton/Perry bringen es mit 0,5 PS auf 14 km/h.

Bis zur Jahrhundertwende werden Autos mit Elektro- bzw. Verbrennungsmotor auf Hochtouren weiterentwickelt, „so that by 1900 the market for automobiles was almost equally divided between the three contenders of steam-driven, electricity and gasoline engines. (…) 1903 there were more electric vehicles in London than those powered by the internal combustion engine."[6] Doch bereits 1909 beginnt sich der erste große Erfolg gegen Elektroautos abzuzeichnen: Henry Ford produziert das Modell T in großer Stückzahl, und 1912 stehen 30.000 Elektroautos bereits 900.000 mit Verbrennungsmotor gegenüber. Mit der weltweit ersten Einführung der Fließbandproduktion im Automobilbau ein Jahr später wendet Henry Ford das Blatt endgültig. Verantwortlich sind die Skaleneffekte: optimierte Arbeitsabläufe und damit verbunden kürzere Produktionszeiten bei größerer Masse und steigender Nachfrage nach einem möglichst günstigen Fortbewegungsmittel welcher Art auch immer, lassen den Preis des Ford T bis 1921 auf 300 $ fallen. Der „Automatic"-Zweisitzer der Automatic Transmission Company Boston kostet zum gleichen Zeitpunkt das Vierfache. Ein weiterer Grund sind die Kosten für das Antriebssystem: hohe Batteriekosten aufgrund aufwändiger Chemie im Vergleich zu relativ geringen Kosten für Stahl und Eisen, die nur in Form gegossen werden müssen.

Mit Beginn des ersten Weltkrieges und der Umstellung nahezu aller Automobilbetriebe auf Kriegsproduktion wird die Vormachtstellung des Verbrennungsmotors erneut ausgebaut: „The use of gasoline-powered vehicles at the front under very difficult conditions confirmed their reliability and utility."[7] Nicht, dass man dies noch mit der Zuverlässigkeit von Elektroautos hätte vergleichen

---

[4] vgl. http://www.franklinmint.nl/models/classic/1886_Benz_Patent.jpg, 29.11.2007
[5] Bereits 1873 zeigte Davidson mit Eisen/Zink-Batterien in einem Lkw, dass es möglich war, ein Fahrzeug elektrisch anzutreiben. Bezüglich ihrer Vergleichbarkeit eignen sich die beiden Fahrzeuge von Ayrton/Perry und Benz aber besser.
[6] vgl. Westbrook (2001), S.15
[7] vgl. ebd., S.19

müssen; der Verbrennungsmotor war da, er war günstig, überall verfügbar und zuverlässig. Er erfüllte die Bedürfnisse der Zeit.

Diese Tatsache unterstützte noch eine andere, bereits 50 Jahre alte Entdeckung, die bis dato noch auf ihren Siegeszug um den Erdball harrte.

In den 40er-Jahren des 19. Jahrhunderts kommt in der Region um Pittsburgh beim Bohren nach Salzwasser für die Salzproduktion ein ärgerliches Nebenprodukt von dunkelgrünlicher Farbe und zähflüssiger Konsistenz zum Vorschein: Öl.[8]

Weil niemand eine bessere Verwendung dafür hat, wird es zunächst zu medizinischen Zwecken verkauft, auch wenn seine Wirkung nicht im Geringsten geklärt oder gar erwiesen ist.

Erst das Gutachten eines Professors, das der Flüssigkeit exzellente Weiterverarbeitungsmöglichkeiten zu hochwertigen Produkten attestiert, führt zu einer Förderung des Rohstoffs im großen Maßstab. Die Entwicklung eines Rohrsystems zur Beförderung über abfallendes Gelände, die heutigen Pipelines, sowie der scharfe Geschäftssinn von John D. Rockefeller führen dann zur Vermarktung des neuartigen Stoffes. Seine Bekanntschaft zu Henry Ford und dessen nahezu parallele Einführung der Fließbandproduktion führt zu einer symbiotischen Entwicklung beider Industrien, zu Zapfanlagen allerorten und einer Infrastruktur, der das Elektroauto nichts mehr entgegenzusetzen hat, sodass „by the early 1920s almost all the electric car manufacturers had either gone out of business or started to make cars with gasoline engines. (...) To all intents and purposes the electric vehicle industry was dead."[9]

Der erste ernsthafte Versuch, das Elektroauto nach fast 70 Jahren Nichtexistenz wieder auf breiter Ebene einzuführen, ist der EV1 von General Motors.

Im Folgenden soll in groben Zügen der Verlauf von Entwicklung, Auslieferung und Rückruf des Fahrzeugs betrachtet werden.

---

[8] für Details der Ölentdeckung vgl. Anhang: Die Entdeckung des Öls
[9] vgl. Westbrook (2001), S.20

Roger Smith und das Bekenntnis zum Impact

Abbildung 3: General Motors EV1[10]

„In 1987, GM won the world solar challenge[11] with a one-of-a-kind solar-powered electric vehicle – the Sunraycer. Emboldened by their success, GM CEO Roger Smith challenged the same design team to build a prototype for a practical electric car."[12] „In the scorching summer of 1988, (…) work on GM's Impact began"[13], dem aus dem Rennerfolg hervorgegangenen Entwicklungprojekt, das mit einem Forschungsauto Verbesserungspotenziale in den Bereichen Fahrzeugelektronik, Baumaterialien, Motorenbauweise, Reifen und Batterien ausloten soll.

John Zwerner, zu jener Zeit Executive Director bei GM für Advanced Product Engineering, erklärt: "It [the Impact] was kind of an outgrowth of the Sunraycer project that was done by General Motors and the fact that we won the race in Australia in '87 by some two and a half days gave us a strong feeling that we had a pretty good luck on some technology. And so it looked like a good evolution to examine a pure electric car. We wanted to drive a stake in the ground (…) as to what

[10] vgl. http://www.edmunds.com/media/advice/fueleconomy/who.killed.the.electric.car/ev1.f34.500.jpg, 29.11.2007
[11] vgl. http://www.wsc.org.au, 3.12.2007
[12] vgl. Paine (2006)
[13] vgl. Shnayerson (1996), S.269

contemporary thinking but producible electric vehicle would look like and how it would perform if we would build such a vehicle."[14]

Nach zwei Jahren Entwicklungszeit erklärt der Aufsichtsratsvorsitzende Roger Smith in einer Pressekonferenz am 3. Januar 1990: „We are extremely pleased this morning to be able to introduce to you a project that keeps GM on the cutting edge of technology. (...) It's an exciting, new electric car. (...) It can go further and faster than any previous production-oriented vehicle (...) and it has all the comforts and convenience of a modern automobile. (...) Impact is a genuine, full-performance machine with capabilities to rival those of today's internal combustion engine powered cars. The Impact (...) is an experimental vehicle. It is not now ready for production."[15]

Smith ist der Auslöser für GMs Bekenntnis zum Elektroauto: „It was Smith who sanctioned the solar concept car that led to a concept electric vehicle. It was Smith, impulsive to a fault, who publically declared on Earth Day, 1990, to the horror of his adjutants, that GM would produce the vehicle:"[16] „I'm very pleased to announce today that we are taking a major step toward helping our country meet its transportation needs and environmental goals. We are proceeding with our plan to produce and sell the Impact."[17]

Damit erklärt Smith erstmals öffentlich, dass GM das Auto produzieren wird (...) „and so encouraged California regulators to build a mandate on his boast."[18] Jannane Sharpless, Vorsitzende des California Air Resources Board (CARB) von 1991-1993, erklärt: „Since GM had already announced they were going to produce an electric vehicle before we even adopted the mandate, the electric vehicle technology became sort of the technology of greatest promise."[19]

---

[14] vgl. General Motors (1990)
[15] vgl. General Motors (1990)
[16] vgl. Shnayerson (1996), S.xiv
[17] vgl. General Motors (1990)
[18] vgl. Shnayerson (1996),S.xiv
[19] vgl. Paine (2006)

Das CARB und das ZEV mandate

Im September 1990 kommt das California Air Resources Board (CARB), die Luftreinhaltungskommission Kaliforniens, zu einer Sitzung zusammen, um eben diese Verfügung auszuarbeiten und „concluded (...) by issuing the ZEV [Zero Emission Vehicle] mandate, a thick packet of tedious decrees about future car emission standards (...) that contained one absolutely radical page: CARB (...) ruled that in 1998 each of the seven major carmakers – GM, Ford and Chrysler in the U.S., Honda, Toyota, Nissan and Mazda in Japan – would make 2 percent of its fleet emission free. In 2001, the bar would raise to 5 percent, then to 10 percent in 2003."[20]

Die einzige Möglichkeit zur Erfüllung dieser Verfügung besteht zu diesem Zeitpunkt im Bau von Elektroautos. Weder gibt es existente Konzepte mit Wasserstoff, noch funktionstüchtige Brennstoffzellen, um einen Pkw anzutreiben. Und da Smith GM Anfang des Jahres öffentlich an das Programm gebunden hatte, sah sich die Behörde in der Wahl des Zeitpunktes zur Veröffentlichung der Verfügung nur bestärkt.

Das bringt GM in eine Zwickmühle: Einerseits sind sie von ihrem CEO öffentlich verpflichtet worden, das Auto zu bauen und zu vermarkten. Andererseits sind sie als Automobilhersteller per se gegen die Verfügung, denn sie bedeutet einen enorm hohen technischen, forscherischen sowie finanziellen Aufwand. „[So] for the car companies, there were only two options: comply with the law or fight it. In the end, they would do both."[21]

Im gleichen Atemzug mit der aktiven Bekämpfung des ZEV mandates durch Sam Leonard[22] entwickelt GM in Kalifornien unter Hochdruck und höchster Geheimhaltung ein revolutionäres Fahrzeugkonzept. GM setzt sich mit der Batterietechnologie auseinander, lotet Möglichkeiten des Leichtbaus, der Aerodynamik und der Energieeffizienz aus und schafft neue Produktionskapazitäten, weil die auf benzingetriebene Fahrzeuge ausgelegten Fertigungsstraßen nicht die Anforderungen für einen so gänzlich anderen Fahrzeugaufbau erfüllen. Zum Projektleiter wird Ken

---

[20] vgl. Shnayerson (1996), S.48
[21] vgl. Paine (2006)
[22] vgl. Shnayerson (1996), S.48ff.

Baker ernannt, der bei GM bereits die Electrovette aus der Taufe hob. Sein Lebensmotto wird zum Leitspruch des Projektes und gilt auch noch nach seiner Ablösung durch Bob Purcell: „Whatever you vividly imagine, ardently desire, sincerely believe and enthusiastically act upon must inevitably come to pass."[23]

Die Präsentation des EV1 und die Aufhebung des ZEV mandate

Tatsächlich präsentiert GM nach acht Jahren intensivster Entwicklungsarbeit[24] und einer Milliarde Dollar investierten Kapitals early the morning of January 4, 1996"[25] den nun in EV1 umgetauften Impact auf der Los Angeles Auto Show.

Gleichzeitig mit der Markteinführung kommt das vorläufige Aus für das ZEV mandate: Die sieben größten Autohersteller einigen sich mit dem CARB im März 1996 auf ein Master Memorandum of Agreement[26], in dem das CARB die Auflagen aufweicht. Sie halten fest, dass Elektroautos nun nur noch „in accordance with market demand" entwickelt und gebaut werden müssten, d.h. also, nur dann, wenn genügend Nachfrage festzustellen ist. EV1-Sympathisanten werfen GM vor, das Unternehmen hätte potenziellen Käufern vor dem Kauf des Fahrzeugs zunächst die Grenzen des EV1, wie begrenzte Kilometerleistung auf einer Ladung durch noch lückenhafte Infrastruktur oder vergleichsmäßig teure Leasingkosten, aufgezählt, um die Warteliste zu verkleinern und so später behaupten zu können, die Nachfrage sei nicht vorhanden.[27] GM behauptet, es hätte nicht ausreichend Käufer gegeben, die bereit waren, mehr für ein Auto zu bezahlen, dessen Leistungsangebot in der Summe geringer ist als das eines vergleichbaren benzinbetriebenen Fahrzeugs. Auf die Anmerkung, GM hätte eine Liste mit mehreren kaufbereiten Kunden vorgelegen, antwortet GM-Sprecher Dave Barthmuss: „We did have a list of roughly 4,000 people. They raised their hands and said ‚I would be interested in getting into an EV1 and in being an EV1 lessee.' We contacted each of those folks and we'd twiddle that list down. And when we actually got down to a point where we were able to have somebody sign on the dotted line, that list from 4,000 people shrunk to about 50."[28]

---

[23] vgl. ebd., S.30
[24] vgl. Shnayerson (1996) für Entwicklungsdetails
[25] vgl. ebd., S. 255
[26] vgl. Anhang: CARB Staff Report, ZEV Biennial Program Review
[27] vgl. Paine (2006)
[28] vgl. ebd.

Heute lässt sich nur noch schwer herausfinden, welche der beiden Seiten objektiv die Wirklichkeit widerspiegelte. Fakt ist: 2001 schließt GM seine Produktionsstätte in Hamtramck[29] und beginnt, sein Verkaufspersonal zu entlassen. Chelsea Sexton gehörte damals zum EV1-Außendienst und arbeitet heute für Plugin America[30], ein Verein, der für die Nutzung von Elektroautos und Hybridfahrzeugen eintritt. Sie erinnert sich: „We were taken out of the company. (…) They started with those with the most customers, the primary areas were those that were dismantled first and at the end of 2001, that was it."[31] GM sieht die Sache allerdings anders. Im Dokumentarfilm zu dem Sachverhalt befragt, erklärt Barthmuss: „We spent an excess of one billion dollars to drive this market, to build the market. That means award-winning advertising, developing the vehicle, developing the recharging infrastructure. And in a four-year time frame, from roughly 1996 to 2000, we were able to lease 800 EV1s."[32]

Die Entwicklung der Hybridfahrzeuge in dem Ausmaß, das heute zu sehen ist, ist zu diesem Zeitpunkt gar nicht absehbar, und es hätte jeglichem strategischen und wirtschaftlichen Verständnis entbehrt, ein Programm, das Jahr für Jahr Verluste im Millionenbereich produziert, nur aufgrund von Instinkt weiterhin zu unterstützen.

Die Rücknahme der EV1s

Mit dem Master Memorandum of Agreement und der endgültigen Aufhebung des ZEV mandate in einer Sitzung des CARB am 24. April 2003[33] gibt es aus GMs Sicht nun auch rechtlich gar keine Verpflichtung mehr, weiterhin Kapital in die Weiterentwicklung dieser Technologie zu stecken. GM beschließt, kein einziges der bestehenden Leasingverhältnisse ein weiteres Mal zu verlängern und fordert die Rückgabe der Autos.

Hier ist Folgendes zum Verständnis anzumerken: Sämtliche EV1s werden seit dem ersten Fahrzeug ausschließlich als Leasingfahrzeuge an die Fahrer übergeben. GM benutzt dazu sein Saturn-Händlernetzwerk und erklärt auf die ständig gestellte Frage, warum man den EV1 nicht kaufen könne, dass die Kunden mit dem Austauschen z.B. eines veralteten Batteriepacks überfordert wären, und dass es

---

[29] vgl. ebd.
[30] vgl. http://www.pluginamerica.org, 3.12.2007
[31] vgl. Paine (2006)
[32] vgl. ebd.
[33] vgl. ebd.

Ersatz- und Verschleißteile nur bei GM gäbe. Es sei also zweckmäßiger, das Fahrzeug nach dreijähriger Leasingdauer an GM zurückzugeben, ordnungsgemäß warten und auf den neuesten Stand bringen zu lassen und es dann einfach erneut zu leasen.

GMs Ankündigung provoziert einen Aufstand der bürgerlichen Grünen, es kommt zu Demonstrationen vor der verbliebenen EV1-Produktionsstätte in Lansing, Michigan. Schecks werden unterschrieben, mit denen Interessierte verbindlich erklären, das Auto zu kaufen. Trotz hingebungsvoller, teils Wochen andauernder Proteste und wiederholter Bekundungen kaufwilliger EV1-Fahrer lässt sich GM nicht umstimmen. Das letzte Fahrzeug wird im Juli 2004 vor der Haustür von Peter Horton abgeholt, auf einen Abschleppwagen geladen und fortgeschafft.[34] Die anschließende Verfahrensweise mit den zurückgenommenen Fahrzeugen mutet allerdings einigermaßen boshaft an: Auf einem Stützpunkt mitten in der Wüste Arizonas werden die Autos gestapelt, gepresst und später zerhäckselt. Dave Barthmuss hatte auf Nachfrage kurz vorher noch versichert: „There are one of four things that will happen wit the EV1s: they'll go to colleges, universities and engineering schools. They'll go to museums (...) across the country. Other EV1 vehicles are being driven by our engineers. And the other option for the EV1s (...) is recycling. (...) Every part of the EV1s is going to be recycled, dismantled through a third party and then reused. Everything is going to be recycled. We're not just going to crush it and send it off to a landfill."[35]

Fast mutet es an, als wolle sich GM eines unliebsam gewordenen Kindes auf möglichst unbeobachtete Art und Weise entledigen.

Jim Boyd, Sachbearbeiter bei CARB von 1981-1996, findet nur mühsam Worte für das Vorgehen: „I thought it was pretty spiteful."[36] Auch Stanford Ovshinsky, jener Entwickler, der den EV1s der zweiten Generation zu ihrer erweiterten Laufleistung verhalf, findet nur Resignation für die Zerstörung der Fahrzeuge: „To see on the Internet the crushed EV1s... it was wrong. But more wrong is the reasons for it."[37]

Über diese lässt sich trotz der Fülle an Vermutungen und Wahrscheinlichkeiten freilich nur spekulieren. David Freeman, Energieberater unter Präsident Jimmy Carter, findet dennoch eine Formulierung, die nach der Recherche des Autors als die am sichersten Getroffene scheint: „I think they wanted to be sure that none of them

---

[34] vgl. Paine (2006)
[35] vgl. ebd.
[36] vgl. ebd.
[37] vgl. ebd.

were driving around the streets anymore to remind people that there is such a thing as an electric car."[38]

Zusammenfassung

Nur wenige Exemplare wurden von diesem Schicksal verschont. Sie wurden musealen oder wissenschaftlichen Einrichtungen zu anschaulichen oder wissenschaftlichen Forschungszwecken überlassen, allerdings ihrer Hauptsteuerungseinheit beraubt, d.h. sie befinden sich in einem nicht fahrtüchtigen Zustand.

Mit einer Ausnahme: Im Frühjahr 2005 gelingt es einer Gruppe Studenten des Mechanical Engineering Department der University of Wisconsin-Madison um Faculty Associate Glenn R. Bower, einen von GM überlassenen EV1 wieder fahrtüchtig zu machen[39]. Damit ist dieser das einzige noch bzw. wieder fahrtüchtige Zeugnis der wahrscheinlich revolutionärsten Erfindung von General Motors.

Während als offizieller Grund bis heute der Verlust von einer Milliarde Dollar und der Mangel an ausreichender Nachfrage angegeben wird, liegt die Vermutung näher, dass eine Klage gegen das CARB zur Auflösung des ZEV mandate finanziell schlicht attraktiver und weitaus sicherer war, als die Weiterentwicklung einer zunächst nicht gewinnträchtig erscheinenden neuen Technologie.

Mit der Entwicklung des EV1 hatte GM sich einen schwer aufholbaren strategischen Innovationsvorteil verschafft; Ford und Chrysler waren Jahre entfernt von einer annähernd ähnlich effizienten und stimmigen Gesamtkonzeption. Das Bewusstsein für diesen Vorteil war aber ganz offensichtlich nicht vorhanden. Stattdessen sicherte sich Toyota den strategischen Vorteil über Jahre hinaus: „With the Prius, Toyota controls about 80 percent of the market for hybrids in the United States."[40] Diesen Vorsprung wird das Unternehmen aller Voraussicht nach auch im Elektrosegment nutzen.

---

[38] vgl. ebd.
[39] aus: http://www.engr.wisc.edu/me/newsletter/2005_springsummer/ Article02_bower.html, 14.11.07
[40] vgl. http://www.reuters.com/article/tnBasicIndustries-SP/idUSN2115859320071121?pageNumber=2&virtualBrandChannel=0, 2.12.2007

Über die Gründe, warum GM diesen Vorsprung nicht auch nach Aufhebung des ZEV mandate weiter ausgebaut hat, lässt sich nur spekulieren. Als Fakt bleibt aber festzuhalten, dass es – strategisch gesehen – in der gesamten Unternehmenshistorie keinen gröberen Fehler als die Beendigung dieses Engagements gegeben hat. Auf den Punkt bringt es Joseph J. Romm, Sachbearbeiter beim Zentrum für Energie- und Klimalösungen und früher in der Regierungsmannschaft Bill Clintons tätig:

„I think it will go down as one of the biggest blunders in the history of the automotive industry."[41]

Mehr zu diesem Thema finden Sie in: „Lernen aus dem Scheitern des ersten Elektroautos: General Motors EV1" von Konrad Sell.
ISBN: 978-3-638-04105-8
http://www.grin.com/de/e-book/90396/

---

[41] vgl. Paine (2006)

Quellenverzeichnis (inklusive weiterführender Literatur)

- **Altair Nanotechnologies, Inc.**
  NanoSafe™ Battery Datasheet, im Internet abrufbar unter:
  http://www.altairnanotechnologies.com/documents/ NanoSafe_Datasheet.pdf
  Zugriff am 15.11.2007

- **AutoblogGreen**
  Israel considering making electric vehicles completely tax free, im Internet
  abrufbar unter: http://www.autobloggreen.com/2007/11/12/israel-considering-
  making-electric-vehicles-completely-tax-free/
  Zugriff am 15.11.2007

- **AutoblogGreen**
  Exclusive Q & A with Elon Musk on the Tesla Roadster and the future of EVs,
  im Internet abrufbar unter:
  http://ninja.autobloggreen.com/2006/07/26/exclusive-q-and-a-with-elon-musk-
  on-the-tesla-roadster-and-the-fut/
  Zugriff am 24.10.2007

- **AutoblogGreen**
  Renault says they might build electric car factory in Israel, im Internet abrufbar
  unter: http://www.autobloggreen.com/2007/11/14/renault-says-they-might-
  build-electric-car-factory-in-israel-pa
  Zugriff am 15.11.2007

- **AutoblogGreen**
  Video of Project Better Place's battery exchange system, im Internet abrufbar
  unter: http://www.autobloggreen.com/2007/10/30/video-of-project-better-
  places-battery-exchange-system
  Zugriff am 15.11.2007

- **Auto Gericke**
  Lamborghini Gallardo SE, im Internet abrufbar unter: http://www.auto-
  gericke.de/includes/image,8037,lamborghini_ gallardo,1024,768,0,1,.jpg
  Zugriff am 29.11.2007

- **Auto Motor und Sport Online**
  Bundestag lehnt Tempolimit 130 ab, im Internet abrufbar unter:
  http://www.auto-motor-und-sport.de/news/politik_-
  _verkehr/hxcms_article_508215_13987.hbs
  Zugriff am 2.12.2007

- **Autozeitung Online**
  Pariser Autosalon 2006, im Internet abrufbar unter:
  http://www.autozeitung.de/online/render.php?render=0007221
  Zugriff am 27.10.2007

- **Bankrate**
  Hummer tax break gets hammered, im Internet abrufbar unter:
  http://www.bankrate.com/brm/itax/biz_tips/20030403a1.asp

Zugriff am 11.11.2007

- **Bundesfinanzministerium Deutschland**
  Energiepreise, im Internet abrufbar unter:
  http://www.bundesfinanzministerium.de/lang_de/nn_31932/nsc_true/DE/Steue
  rn/Energiebesteuerung/Energiepreise/001__3,templateId=raw,property=public
  ationFile.pdf
  Zugriff am 22.11.2007

- **Bundesumweltministerium Deutschland**
  Klimaagenda 2020, im Internet abrufbar unter:
  http://www.bmu.de/files/pdfs/allgemein/application/pdf/hintergrund
  _klimaagenda.pdf
  Zugriff am 22.11.2007

- **California Air Resources Board**
  Notice of 2008 ZEV Regulatory Amendments Concept Paper, im Internet
  abrufbar unter: http://www.arb.ca.gov/lispub/rss/displaypost.php?pno=882
  Zugriff am 4.12.2007

- **California Air Resources Board**
  Staff Report – ZEV Biennial Program Review, im Internet abrufbar unter:
  http://www.arb.ca.gov/msprog/zevprog/98review/staffrpt.pdf
  Zugriff am 28.11.2007

- **Chevrolet, General Motors Corporation**
  Concept Chevy Volt, im Internet abrufbar unter:
  http://www.chevrolet.com/electriccar
  Zugriff am 21.08.2007

- **CiberMotor**
  Lightning GT, im Internet abrufbar unter:
  http://blog.cibermotor.es/motoractual/files/2007/07/2008-lightning-gt-front-
  angle-top-1280x960.jpg
  Zugriff am 29.11.2007

- **Civic Actions**
  Al Gore announces Live Earth Concert Tour, im Internet abrufbar unter:
  http://www.civicactions.com/blog/al_gore_announces_live_earth_concert_tour
  Zugriff am 4.12.2007

- **College of Engineering, University of Wisconsin-Madison**
  Newsletter 2005, im Internet abrufbar unter:
  http://www.engr.wisc.edu/me/newsletter/2005_springsummer/Article02_bower.
  html
  Zugriff am 14.11.2007

- **Daimler AG**
  bionic car, im Internet abrufbar unter:
  http://www.daimlerchrysler.com/Projects/c2c/channel/images/213957_333807
  _%20381_254_bioniccar_exterior_600.jpg

Zugriff am 29.11.2007

- **Daimler AG**
Das Konzeptfahrzeug Mercedes-Benz bionic car, im Internet abrufbar unter:
http://www.daimlerchrysler.com/dccom/0-5-7154-49-503504-1-0-0-503518-0-
0-135-10736-0-0-0-0-0-0-0.html
Zugriff am 29.11.2007

- **DesktopMachine**
Aston Martin DBS, im Internet abrufbar unter:
http://www.desktopmachine.com/framepic.php?id=10879&size=1024
Zugriff am 29.11.2007

- **Discover Hybrid Cars**
  Price of crude oil hits $88.20, im Internet abrufbar unter:
  http://www.discoverhybridcars.com/hybrid-cars-news/whew-price-of-crude-oil-hits-8820
  Zugriff am 17.10.2007

- **Dr. Ing. h.c. F. Porsche AG**
  Porsche 911 GT2, im Internet abrufbar unter:
  http://www.porsche.com/germany/models/911/911-gt2/gallery/?gtabindex=3&gitemindex=3
  Zugriff am 29.11.2007

- **Edmunds**
  General Motors EV1, im Internet abrufbar unter:
  http://www.edmunds.com/media/advice/fueleconomy/who.killed.the.electric.car/ev1.f34.500.jpg
  Zugriff am 29.11.2007

- **Energy Information Administration**
  Gas Prices 1990 -2006, im Internet abrufbar unter:
  http://tonto.eia.doe.gov/dnav/pet/hist/mg_tt_usw.htm
  Zugriff am 11.11.2007

- **Energy Information Administration**
  Energy Production by Primary Energy Source, im Internet abrufbar unter:
  http://www.eia.doe.gov/emeu/aer/txt/stb0102.xls
  Zugriff am 22.11.2007

- **EV Charger News**
  EV1 Specifications, im Internet abrufbar unter:
  http://www.evchargernews.com/CD-A/gm_ev1_web_site/specs/specs_specs.htm
  Zugriff am 27.10.2007

- **Financial Times Deutschland**
  Billiger wird's nicht, im Internet abrufbar unter:
  http://www.ftd.de/unternehmen/industrie/283806.html?nv=cd-topnews
  Zugriff am 2.12.2007

- **Financial Times Deutschland**
  Öl nimmt Kurs auf 100 Dollar, im Internet abrufbar unter:
  http://www.ftd.de/boersen_maerkte/marktberichte/272522.html?nv=cd-topnews
  Zugriff am 31.10.2007

- **Financial Times Deutschland**
  Ölpreis steigt über 98 Dollar, im Internet abrufbar unter:
  http://www.ftd.de/boersen_maerkte/marktberichte/275725.html?nv=cd-topnews
  Zugriff am 07.11.2007

- **Financial Times Deutschland**
  Öl wird noch billiger, im Internet abrufbar unter:
  http://www.ftd.de/boersen_maerkte/marktberichte/:%D6l/236443.html
  Zugriff am 15.08.2007
- **Focus Online**
  Merkel schöpft Kraft im Eis, im Internet abrufbar unter:
  http://www.focus.de/politik/ausland/groenland-reise_aid_70177.html
  Zugriff am 4.12.2007

- **Focus Online**
  Schule – Klimakatastrophe; Olli fragt, im Internet abrufbar unter:
  http://www.focus.de/schule/lernen/lernatlas/olli/olli-fragt-_aid_28127.html
  Zugriff am 22.08.2007

- **Franklin Mint**
  Benz Patent-Motorwagen 1, im Internet abrufbar unter:
  http://www.franklinmint.nl/models/classic/1886_Benz_Patent.jpg
  Zugriff am 29.11.2007

- **Gesetze im Internet**
  Gesetz für den Vorrang erneuerbarer Energien, im Internet abrufbar unter:
  http://www.gesetze-im-internet.de/bundesrecht/eeg_2004/gesamt.pdf
  Zugriff am 28.11.2007

- **Globes Online**
  Renault importer joins Israeli electric car project, im Internet abrufbar unter:
  http://www.globes.co.il/serveen/globes/
  docview.asp?did=1000272303&fid=942
  Zugriff am 15.11.2007

- **Heise Online**
  Auf dem Weg zum Elektroauto – ist der Hybrid überflüssig?, im Internet
  abrufbar unter: http://www.heise.de/autos/artikel/s/4641
  Zugriff am 4.12.2007

- **Hotfrog**
  Porsche auch 2006 mit Zulassungsrekord in Deutschland, im Internet abrufbar
  unter: http://www.hotfrog.de/Firmen/Dr-Ing-F-Porsche-
  AG/FullPressRelease.aspx?id=3041
  Zugriff am 18.11.2007

- **Informationsdienst Wissenschaft**
  Pressemitteilung: Feinstaubpartikel aus dem Verkehr beeinflussen das
  Geburtsgewicht, im Internet abrufbar unter http://www.idw-
  online.de/pages/de/news215521
  Zugriff am 06.10.2007

- **Ingenieurparadies**
  Werkstoffe, im Internet abrufbar unter:
  http://www.engineersparadise.com/de/ipar/18395
  Zugriff am 29.11.2007

- **Intergovernmental Panel On Climate Change**
  About IPCC, im Internet abrufbar unter: http://www.ipcc.ch/about/index.htm
  Zugriff am 18.11.2007

- **Intergovernmental Panel On Climate Change**
  How the IPCC is organized, im Internet abrufbar unter:
  http://www.ipcc.ch/about/how-the-ipcc-is-organized.htm
  Zugriff am 18.11.2007

- **Internationale Automobilausstellung 2005**
Aktuellste News, im Internet abrufbar unter:
http://www.iaa.de/archiv/2005/www/Deutsch/rest/start.html
Zugriff am 27.10.2007

- **Internet AutoGuide**
  1995 Nissan 300ZX Specs, im Internet abrufbar unter:
  http://www.internetautoguide.com/car-specifications/09-
  int/1995/nissan/300zx/index.html
  Zugriff am 27.10.2007

- **Kennesaw State University**
  Reducing the Smog, Removing the Lead, im Internet abrufbar unter:
  http://science.kennesaw.edu/~mhermes/catalyst/gasoline.htm
  Zugriff am 21.08.2007

- **Magna Steyr**
  Flexibles Produktionssystem MSPS, im Internet abrufbar unter:
  http://www.magnasteyr.com/cps/rde/xbcr// magna_steyr_internet/msps.pdf
  Zugriff am 30.11.2007

- **Magna Steyr**
  Innovationsfelder, im Internet abrufbar unter:
  http://www.magnasteyr.com/cps/rde/xchg/SID-3F57F7E5-
  03A92A3E/magna_steyr_internet/hs.xsl/263_271.php?rdeLocaleAttr=de
  Zugriff am 30.11.2007

- **Ministry of Foreign Affairs of Denmark**
  The Danish Population, im Internet abrufbar unter:
  http://www.denmark.dk/en/menu/AboutDenmark/DenmarkInBrief/DenmarkAnO
  verview/TheDanishPopulation
  Zugriff am 11.11.2007

- **Ministry of Foreign Affairs of Denmark**
  Offshore Wind Turbines, im Internet abrufbar unter:
  http://www.denmark.dk/en/menu/AboutDenmark/ScienceResearch/Research%
  20Areas/EnergyResearchInDenmark/%20GuideEnergyResearchInDenmark/O
  ffshoreWindTurbines
  Zugriff am 11.11.2007

- **Ministry of Foreign Affairs of Denmark**
  A Wind-Powered Adventure, im Internet abrufbar unter:
  http://www.denmark.dk/en/menu/AboutDenmark/ScienceResearch/Research
  Areas/EnergyResearchInDenmark/
  GuideEnergyResearchInDenmark/AWindPoweredAdventure
  Zugriff am 11.11.2007

- **MSNBC**
  Former GM chairman, CEO Roger Smith dies, im Internet abrufbar unter:
  http://www.msnbc.msn.com/id/22041574
  Zugriff am 2.12.2007

- **North American International Motor Show 2007**
  Termine, Zeiten und Eintrittspreise, im Internet abrufbar unter:
  http://autoshow.auto.de.msn.com/autoshow/Detroit2007/Article.aspx?cp-
  documentid=2168190

Zugriff am 27.10.2007

- **OCS Alternative Energy and Alternate Use Programmatic EIS**
  Offshore Wind Energy, im Internet abrufbar unter:
  http://ocsenergy.anl.gov/guide/wind/index.cfm
  Zugriff am 11.11.2007

- **Passe Partout**
  Auto Visionen – En voiture Simone!, im Internet abrufbar unter :
  http://www.passe-partout.de/content_de/20021004/05.php
  Zugriff am 18.11.2007

- **PC Welt Online**
  WiTricity: Strom kabellos an Geräte übertragen, im Internet abrufbar unter:
  http://www.pcwelt.de/start/computer/peripherie/news/83650/
  Zugriff am 15.11.2007

- **Periodensystem Info**
  Periodensystem der Elemente, im Internet abrufbar unter:
  http://www.periodensystem.info/elemente/aluminium.htm
  Zugriff am 29.11.2007

- **PML Flightlink Ltd.**
  Hi-Pa drive™, im Internet abrufbar unter:
  http://pmlflightlink.com/motors/hipa_drive.html
  Zugriff am 15.11.2007

- **Rat von Sachverständigen für Umweltfragen**
  Stellungnahme zum Ziel einer 40-prozentigen CO_2-Reduzierung, im Internet
  abrufbar unter:
  http://www.umweltrat.de/03stellung/downlo03/stellung/Stellung_40_CO2Redu
  zierung%20_Dez2001.pdf
  Zugriff am 22.11.2007

- **Rat von Sachverständigen für Umweltfragen**
  Umweltgutachten 2002, im Internet abrufbar unter:
  http://www.umweltrat.de/02gutach/downlo02/umweltg/UG_2002_kf.pdf
  Zugriff am 22.11.2007

- **Reuters**
  GM to launch Volt by end-2010, im Internet abrufbar unter:
  http://www.reuters.com/article/tnBasicIndustries-
  SP/idUSN2115859320071121?pageNumber=2&virtualBrandChannel=0
  Zugriff am 2.12.2007

- **Reuters**
  We made a mistake on hybrids, im Internet abrufbar unter:
  http://www.reuters.com/news/video?videoId=71180&videoChannel=7
  Zugriff am 2.12.2007

- **Röder Zeltsysteme und Service AG**

Internationaler Automobilsalon Genf 2006, im Internet abrufbar unter:
http://www.r-zs.de/de/events/events_2006/autosalon_2006.htm
Zugriff am 27.10.2007

- **Short News**
OPEC-Öl wird billiger, im Internet abrufbar unter:
http://www.shortnews.de/start.cfm?id=621176
Zugriff am 15.08.2007

- **Smart**
  Stark, sauber, sparsam, im Internet abrufbar unter: http://www.smart.com/-snm-0135207688-1185091092-0000011416-0000013191-1187774378-enm-view/motoren/mpc-de_de_DE_EUR_urn:uuid:e0a1fb03-d93b-5af7-80ab-7c81f0ff63f2
  Zugriff am 22.08.2007

- **Spiegel Online**
  Neue Kfz-Steuer soll Sprit-Sünder treffen, im Internet abrufbar unter:
  http://www.spiegel.de/auto/aktuell/0,1518,283765,00.html
  Zugriff am 22.08.2007

- **Spiegel Online**
  Rasmussen rühmt Dänemark als Musterland, im Internet abrufbar unter:
  http://www.spiegel.de/wissenschaft/natur/0,1518,470802,00.html
  Zugriff am 11.11.2007

- **Spiegel Online**
  Spekulanten treiben Ölpreis Richtung 90 Dollar, im Internet abrufbar unter:
  http://www.spiegel.de/wirtschaft/0,1518,511787,00.html
  Zugriff am 17.10.2007

- **Statistisches Bundesamt Deutschland**
  Bevölkerungsstand, im Internet abrufbar unter:
  http://www.destatis.de/jetspeed/portal/cms/Sites/destatis/Internet/DE/%20Navi
  gation/Statistiken/Bevoelkerung/Bevoelkerungsstand/Bevoelkerungsstand.ps
  ml
  Zugriff am 11.11.2007

- **Stern Online**
  Angriff aus der Stadt der Engel, im Internet abrufbar unter:
  http://www.stern.de/sport-motor/autowelt/:USA-Motorshows-Kampf-Zukunft/577408.html?eid=577721
  Zugriff am 27.10.2007

- **Stuttgarter Zeitung Online**
  Das Ringen um die Kfz-Steuer geht in die nächste Runde, im Internet abrufbar
  unter: http://www.stuttgarter-wochenblatt.de/stz/page/detail.php/1525486
  Zugriff am 11.11.2007

- **Süddeutsche Online**
  Morbide Folgen des mobilen Fortschritts, im Internet abrufbar unter:
  http://www.sueddeutsche.de/automobil/artikel/625/122459
  Zugriff am 06.10.2007

- **Taxpayer for Common Sense**
  A Hummer of a Tax Break, im Internet abrufbar unter:
  http://www.taxpayer.net/TCS/whitepapers/SUVtaxcredit.pdf
  Zugriff am 28.11.2007

- **Tokyo Motor Show**

Data on Tokyo Motor Shows, im Internet abrufbar unter: http://www.tokyo-motorshow.com/eng/show/data
Zugriff am 4.12.2007

- **TopSpeed**
  Speed Limits On The USA Highway, im Internet abrufbar unter:
  http://www.topspeed.com/cars/speed-limits-on-the-usa-highway-ar9977.html
  Zugriff am 27.10.2007
- **U.S. Census Bureau**
  State & County QuickFacts, im Internet abrufbar unter:
  http://quickfacts.census.gov/qfd/states/00000.html
  Zugriff am 11.11.2007

- **U.S. Patent and Trademark Office**
  Inductive charging of a moving electric vehicle's battery, im Internet abrufbar
  unter: http://patft.uspto.gov/netacgi/nph-
  Parser?Sect1=PTO2&Sect2=HITOFF&u=%2Fnetahtml%2FPTO%2Fsearch-
  adv.htm&r=4&f=G&l=50&d=PTXT&p=1&p=1&S1=%22electric+car+charging%
  22&OS=%22electric+car+charging%22&RS=%22electric+car+charging%22
  Zugriff am 15.11.2007

- **Welt Online**
  Merkel wirbt in Grönland für Klimaschutz, im Internet abrufbar unter:
  http://www.welt.de/politik/article1113003/Merkel_wirbt_in_Groenland_fuer_Kli
  maschutz.html
  Zugriff am 4.12.2007

- **Weiterbildungszentrum Brennstoffzelle Ulm**
  Brennstoffzellen-News Nr. 1, im Internet abrufbar unter:
  http://www.wbzu.de/home/bzn1-2007.pdf
  Zugriff am 3.12.2007

- **Weiterbildungszentrum Brennstoffzelle Ulm**
  Wasserstoff – Möglichkeiten der Speicherung, im Internet abrufbar unter:
  http://www.wbzu.de/infopool/Wasserstoff_speicherung.pdf
  Zugriff am 15.11.2007

- **Wirtschaftswoche Online**
  Ex-SAP-Vorstand will Elektroautos massentauglich machen, im Internet
  abrufbar unter:
  http://www.wiwo.de/pswiwo/fn/ww2/sfn/buildww/id/126/id/319076/fm/0/%20SH/
  0/depot/0/index.html
  Zugriff am 15.11.2007

- **Wirtschaftswoche Online**
  Klimawarnung in Kurzform, im Internet abrufbar unter:
  http://www.wiwo.de/pswiwo/fn/ww2/sfn/slink/bid/250709/index.html
  Zugriff am 18.11.2007

- **Wirtschaftswoche Online**

Tempolimit bringt nichts?, im Internet abrufbar unter:
http://www.wiwo.de/pswiwo/fn/ww2/sfn/slink/bid/251530/index.html
Zugriff am 2.12.2007

- **Wirtschaftswoche Online**
  Uno-Klimarat findet drastische Worte, im Internet abrufbar unter:
  http://www.wiwo.de/pswiwo/fn/ww2/sfn/slink/bid/250679/index.html
  Zugriff am 18.11.2007

- **Wirtschaftswoche Online**
  Wie Apple seine Kunden zu Missionaren umpolt. Im Internet abrufbar unter:
  http://www.wiwo.de/pswiwo/fn/ww2/sfn/slink/bid/ 248768/index.html
  Zugriff am 18.11.2007

- **ZD Net**
  Besser als Hybrid? Bluetec von Mercedes, im Internet abrufbar unter:
  http://www.zdnet.de/enterprise/tech/auto/0,39026506,39138066,00.htm
  Zugriff am 06.10.2007

- **ZEIT Online**
  Rekordpreis für Öl, im Internet abrufbar unter:
  http://www.zeit.de/online/2007/43/oelpreis
  Zugriff am 22.10.2007

Literaturverzeichnis

Bänsch, Axel: Wissenschaftliches Arbeiten; Oldenbourg Verlagsgruppe, München, 2003

California Air Resources Board: Summary of staff's proposed amendments to the ZEV programm; California Air Resources Board, Sacramento, California, 2007

Dr. Ing. h.c. F. Porsche AG: Geschäftsbericht 03/04; Dr. Ing. h.c. F. Porsche AG, Stuttgart-Zuffenhausen, 2004

Dr. Ing. h.c. F. Porsche AG: Geschäftsbericht 04/05; Dr. Ing. h.c. F. Porsche AG, Stuttgart-Zuffenhausen, 2005

Dr. Ing. h.c. F. Porsche AG: Geschäftsbericht 05/06; Dr. Ing. h.c. F. Porsche AG, Stuttgart-Zuffenhausen, 2006

Dubben, Hans-Hermann; Beck-Bornholdt, Hans-Peter: Mit an Wahrscheinlichkeit grenzender Sicherheit; Rowohlt Taschenbuch Verlag, Hamburg, 2006

Feldenkirchen, Markus; Kneip, Ansbert: Volles Rohr; Der Spiegel, SPIEGEL-Verlag, Hamburg, 22.10.2007

Ford Motor Company: Annual Report 2002; Ford Motor Company, Dearborn, Michigan, 2003

Ford Motor Company: Annual Report 2003; Ford Motor Company, Dearborn, Michigan, 2004

Ford Motor Company: Annual Report 2004; Ford Motor Company, Dearborn, Michigan, 2005

Ford Motor Company: Annual Report 2005; Ford Motor Company, Dearborn, Michigan, 2006

Ford Motor Company: Annual Report 2006; Ford Motor Company, Dearborn, Michigan, 2007

J. Wiggins & Co.: Cleveland as it is; Newcomb, Cleveland, Ohio, 1872

Lange, Bernd: Arbeit und alternative Energien; Deutscher Gewerkschaftsbund, Berlin, 2006

Magna-Steyr Fahrzeugtechnik AG & Co. KG: mila concept; Magna-Steyr Fahrzeugtechnik AG & Co. KG, Graz, 2007

Meeder, Uta: Werbewirkungsmessung im Internet, Deutscher Universitätsverlag, Wiesbaden, 2007

Panecke, Volker: Das bedeutet CO_2; AUTOStraßenverkehr, Motor Presse Stuttgart GmbH & Co. KG, Stuttgart, 21.03.2007

Schätzing, Frank: Nachrichten aus einem unbekannten Universum; Kiepenheuer & Witsch, Köln, 2007

Shnayerson, Michael: The car that could; Random House, New York, 1996

Tarbell, Ida: The history of The Standard Oil Company; McClure, Phillips & Co., New York, 1904

Volkswagen AG: Geschäftsbericht 2002; Volkswagen AG, Wolfsburg, 2003

Volkswagen AG: Geschäftsbericht 2003; Volkswagen AG, Wolfsburg, 2004

Volkswagen AG: Geschäftsbericht 2004; Volkswagen AG, Wolfsburg, 2005

Volkswagen AG: Geschäftsbericht 2005; Volkswagen AG, Wolfsburg, 2006

Volkswagen AG: Geschäftsbericht 2006; Volkswagen AG, Wolfsburg, 2007

Westbrook, Michael: The Electric Car; The Institution of Electrical Engineers, London, 2001

Wüst, Christian: Suche nach dem Wunderakku; Der Spiegel, SPIEGEL-Verlag, Hamburg, 26.11.2007

Filmverzeichnis

Durkin, Martin: The Great Global Warming Swindle; WAGtv Ltd., London, 2007

GM Employee Communications: Imagine the Impact; General Motors Corporation, Detroit, 1990

GM Communications: EV1- Werbespot, General Motors Corporation, Detroit, 2007

GM Communications: EV1- Werbespot, unveröffentlicht (1), General Motors Corporation, Detroit, 2007

GM Communications: EV1- Werbespot, unveröffentlicht (2), General Motors Corporation, Detroit, 2007

Guggenheim, Davis: An Inconvenient Truth; Participant Productions, Los Angeles, 2006

Paine, Chris: Who killed the Electric Car?; Sony Pictures Inc., Culver City, 2006

Revision3: InDigital Episode 15; Revision3, Los Angeles, California, 2007

Anhang

Die Entdeckung des Öls

In den 40er-Jahren des 19. Jahrhunderts kommt in der Region um Pittsburgh beim Bohren nach Salzwasser für die Salzproduktion ein ärgerliches Nebenprodukt von dunkelgrünlicher Farbe und zähflüssiger Konsistenz zum Vorschein. Der Salzbrunnenbetreiber Samuel M. Kier filtert es, füllt es aus Instinkt in Flaschen ab und verkauft es zu medizinischen Zwecken als „Kier's Rock Oil", ohne seine Wirkung zu kennen.

Als der Journalist George H. Bissel auf der Suche nach Arbeit 1854 in die Gegend von Pittsburgh kommt, weil er von den kommerziellen Möglichkeiten dieser Flüssigkeit überzeugt ist, kauft er zunächst Land und gründet dann die Pennsylvania Rock-Oil Company. Mithilfe eines befreundeten Yale-Professors, der die Substanz untersucht, erfährt er, dass es sich um etwas handelt „from which, by simple and not expensive process, they may manufacture very valuable products."[42] Beim Sinnieren auf einer Bank fällt sein Blick auf eine der Flaschen von Kiers „Rock-Oil" in einem gegenüberliegenden Drogerieschaufenster, auf der der Ort seiner Gewinnung abgedruckt ist: „Produced from a well in Allegheny Co., Pa., four hundred feet below the earth's surface"[43]; jener Salzbrunnen, aus dem Kier die Substanz zufällig als Nebenprodukt gewinnt.

Sofort hat Bissell eine Eingebung: Wenn man nun gezielt und tiefer als vorher nach dieser Substanz bohren würde, so ließe sich ihre Vermarktung zum Hauptgeschäftszweck machen. Augenblicklich wird Bissell tätig und sendet nach einem Kleinaktionär seiner nun umgetauften Seneca Oil Company, der in der Gegend die technische Machbarkeit des Bohrens nach Öl sondieren soll. Als dieser Edwin Drake Ende August 1859 in Pennsylvania tatsächlich auf dauerhaft fließendes Öl aus einem artesischen Brunnen stößt, überschlagen sich die Ereignisse: Allerorten wird Land gekauft, schießen Bohrvorrichtungen aus dem Boden, wird Öl gefördert. Mehrere Tausend Barrels sprudeln täglich aus dem Erdboden und bringen den Abtransport bald an seine Grenzen. Bisher müssen die Fässer aufwändig über Wege, Flüsse und Schienen zum Bestimmungsort gebracht werden. So entsteht die

---

[42] vgl. Tarbell (1904), S.4
[43] vgl. ebd., S.4

Teamster-Oligarchie[44], die den Ölförderern zu immer mehr Ärger gereicht. Die Diskussion über die Entwicklung eines Rohrtransports mithilfe der Schwerkraft und vereinzelten Pumpen, die lange erörtert, aber bis zu diesem Zeitpunkt nicht umgesetzt wurde, nimmt immer konkretere Formen an. Ihre finanzielle Vorherrschaft fürchtend, zerstören die Teamsters Pipelines überall im Land, zünden Öltanks an und bedrohen Angestellte der Förderer. Als sie 1866 die Abschaffung aller bestehenden Pipelines fordern und mit der Sprengung der Bohrtürme drohen, wird der Gouverneur des Staates eingeschaltet. Ein Großteil der Teamsters flieht daraufhin, nur wenige akzeptieren das abrupte Ende ihres goldenen Zeitalters.

Während sich Teamsters und Förderer gegenseitig bekriegen, sieht der Chemiker Samuel Downer, der mit der Raffinierung und dem Export von Kohle sein Geld verdient, im Öl bereits die drohende Ablösung für seinen Rohstoff. So passt er seine Raffinierungsprozesse an und baut 1862 in der Nähe der Drake'schen Fundstätte die erste Ölraffinerie.

Im selben Jahr baut auch Samuel Andrews aus England eine Raffinerie. John D. Rockefeller wird auf ihn aufmerksam und investiert zunächst 4.000 $ in das Vorhaben. Doch das neue Geschäftsfeld erweist sich als so lukrativ, dass Rockefeller bald sein vorheriges Vertriebsgewerbe aufgibt und sämtliches Kapital daraus in das neue Unternehmen investiert, in dem Andrews sein neuer Partner wird und 1865 die Produktion übernimmt, während sich Rockefeller um die Finanzen kümmert. In den fünf Jahren danach gründet er eine weitere Raffinerie und in New York ein Vertriebsunternehmen, um den Verkauf des Öls regional auszubauen. „1870, five years after he became an active partner in the refining business, Rockefeller combined all his companies into one – the Standard Oil Company. The capital of the new concern was $1,000,000."[45]

In weniger als 20 Jahren hatte sich eine Industrie mit einem „net product of six million barrels per annum and a capital of $200,000,000"[46] gebildet. Von diesem Volumen verschiffte Rockefeller bereits 1870 mit 1.459.500 Barrels[47] mehr als ein Sechstel.

---

[44] Als Teamster bezeichnet man jene jungen Männer, die den gefährlichen Transport der Fässer mit Fuhrwerken über unbefestigte Straßen bis zum Fluss begleiteten und diese anschließend mit Booten bis zur Eisenbahn-Verladestation schifften.
[45] vgl. Tarbell (1904), S.25
[46] vgl. ebd., S.27
[47] vgl. J. Wiggins & Co. (1872)

„Eventually Standard Oil Company (...) increased their production of the lower boiling gasoline fractions for use in Henry Ford's Model T.

In 1911, the Ford Motor Company made more than 1.5 million (...) cars and the United States began its automotive revolution. (...) The refiners looked to their scientists to make more of the crude petroleum accessible for motor fuel. Standard Oil and others invented 'cracking' processes. (...) And with this cracking, a greater percentage of the oil was available for gasoline. Standard Oil sold gasoline around the world.

The 20th century brought co-dependence of one industry upon another. Henry Ford could not sell 1.5 million Model T automobiles in 1911 unless there was an adequate supply of gasoline for fuel. And Standard Oil would have no incentive to refit their refineries to make gasoline unless someone like Henry Ford was prepared to build and sell many, many of the new 'Horseless Carriages'."[48]

---

[48] aus: http://science.kennesaw.edu/~mhermes/catalyst/gasoline.htm, 21.08.2007

CARB Staff Report, ZEV Biennial Program Review[49]

EXECUTIVE SUMMARY

This report provides a comprehensive review of the Air Resources Board's (ARB or Board) zero-emission vehicle (ZEV) program. This report and the Board hearing in July 1998 serve as the biennial review to update the Board on the progress made towards meeting the requirements of ARB's ZEV program. Within the report, ARB staff outlines the progress made by auto manufacturers, ARB and other government agencies and private industry groups toward commercialization of ZEVs. The report focuses primarily on progress made after the modifications that were made in March of 1996 which included Memoranda of Agreement between ARB and the seven largest auto manufacturers.

The ZEV program was approved by ARB in September 1990 as part of the Low-Emission Vehicle regulations. These regulations required the seven largest auto manufacturers to produce ZEVs beginning with model year 1998. Specifically, in model years 1998 through 2000, two percent of the seven largest auto manufacturers' new vehicle fleet were required to be ZEVs and this percentage was to increase to five percent in model years 2001 and 2002 and ten percent in model years 2003 and beyond. The ten percent requirement in model years 2003 and beyond applied to the intermediate volume auto manufacturers as well.

In March 1996, ARB modified the Low-Emission Vehicle regulations. The requirement for ten percent ZEVs in model years 2003 and beyond was maintained. However, in place of the requirement for ZEVs in model years 1998 through 2002, ARB entered into Memoranda of Agreement (MOAs) with the seven largest auto manufacturers affected by the regulations. These MOAs included commitments from the auto manufacturers to:

- offset the emission benefits lost due to the elimination of the ZEV requirements in model years 1998 to 2002 through a national low-emission vehicle program or other program that would provide equivalent air quality benefits;
- continue investment in ZEV and battery research and development and place specified numbers of advanced battery-powered ZEVs in marketplace demonstration programs (up to 3,750 vehicles total);
- participate in a market-based ZEV launch by offering ZEVs to consumers in accordance with market demand; and
- provide annual and biennial reporting requirements.

The auto manufacturers are making progress towards meeting their MOA commitments. To offset the emission benefits lost due to the elimination of the ZEV requirement in model years 1998 through 2002, all seven of the auto manufacturers opted-in to the National Low-Emission Vehicle program beginning in 2001, three years earlier than could be required under federal law.

The auto manufacturers' commitment to continue ZEV research and development and to participate in a market-based launch is going according to schedule. There are a variety of vehicles available now and we expect even greater variety as well as wider availability over the next few years. Cost of zero-emission vehicles is a primary concern, as expected in the introductory years of the program. Additionally, infrastructure and range are also concerns. However, in general, those that have leased ZEVs have been very pleased with the performance and quality of the vehicles.

-i-

Lightning Source UK Ltd.
Milton Keynes UK
UKHW041443201218
334321UK00001B/220/P